Je cherche les mots avec Basile, l'ourson

Scénario et illustrations de
Michel Rainaud

Editions HEMMA

Enfin, revoici le printemps!

Les  montrent le bout

du nez, les   s'envolent

les  s'ouvrent.

Basile l', qui a dormi tout l'hiver

près de sa maman , est réveillé

par le chant des .

En sortant de sa  , il se frotte

les yeux, éblouis par Monsieur .

Il part se promener...

Tout à coup, le joue à

cache-cache avec les gros .

Plic, plac, ploc...

De grosses tombent.

Vite, Basile l'Ourson ouvre son .

Les  et les  barbotent

sous la pluie.

Maman  cache ses  sous

ses ailes. Une  découvre

une  bien fraîche, sous l'  .

La pluie cesse ; un bel

apparaît. Les d'eau glissent

sur les et, dans la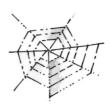

d'araignée.

L'  dresse la tête et voit

dame  sauter dans les

 d'eau.

Un  sort de sa cachette.

La gourmande savoure

délicatement une bien

tendre.

Basile arrive devant la

 du vieil qui a lu

beaucoup de  . Ils s'asseyent

sur le  .

Dans un , le vieil ours lui taille une jolie . Dès les premières tous les viennent se poser sur une pour chanter avec lui.

Le vieil lui offre aussi une 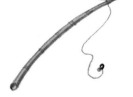 à pêche avec un gros rouge...

Basile l'  part vers la rivière et,

se sentant fatigué, il s'assied et joue

de la  ... Deux  se dressent

parmi les  .

— Chut, silence! dit le petit  ,

le chant de la  va réveiller

le  qui dort toute la journée.

Sous un grand  , Basile l'

s'arrête devant un gros

qui est la  de la petite  .

En sortant du bois, Basile l'

traverse un petit  et cueille un

gros  de  .

En sautillant, il s'approche d'une  .

Il lui accroche des à son

tout contre la .

Le petit  s'éloigne de

sa maman et poursuit un joli

de toutes les couleurs.

Arrivé au bord du ruisseau, Basile

l' accroche un à l'

et lance sa ligne. La  et le

 lui crient bonjour en passant et

une se pose sur un près

de lui. Basile s'impatiente et saute

de  en  pour attraper un

gros  qui se moque de lui...

Basile l' 🐻 a faim.

Il sort de son 🧺 le repas que lui a

donné le vieil ours.

Il étend la 🏁, y dépose le 🥛

de confiture, le 🥛 et se prépare de

bonnes 🥖 🥖 .

Basile déguste une belle et de

délicieuses  des bois.

Son repas terminé, Basile l'

range son  .

Le long du chemin les

butinent dans les  fleuris.

La gourmandise de Basile l' le

guide vers les  .

Il rêve d'un gros rempli de miel.

Cependant les  ne sont pas

contentes et entourent Basile l'

qui se sauve, en oubliant son  ,

mais pas ses  .

La est là. Basile l'

court vers sa  auprès de sa

maman . Quel beau  !

Bonne nuit mon petit chéri !

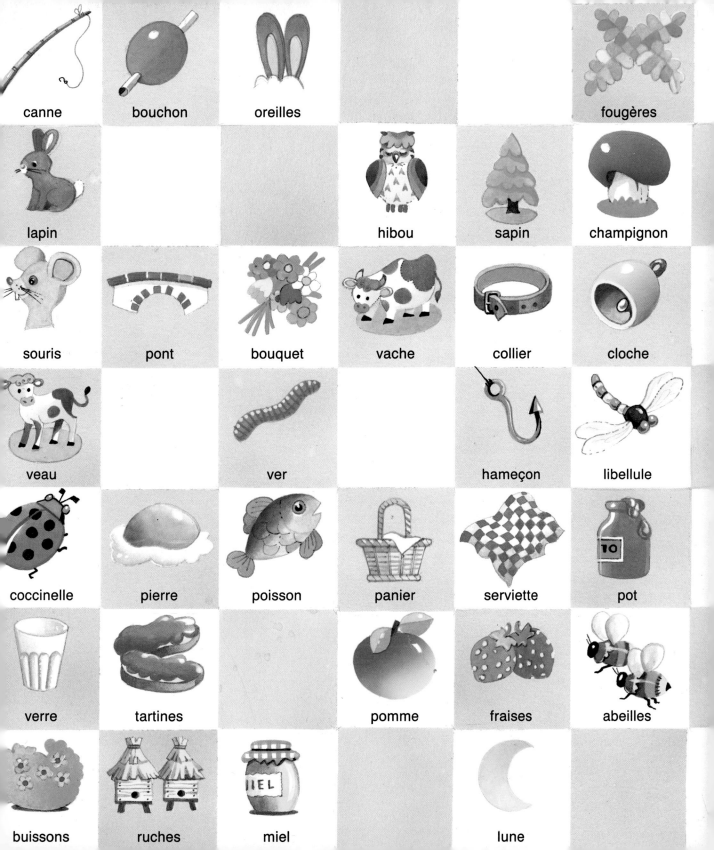

canne

bouchon

oreilles

fougères

lapin

hibou

sapin

champignon

souris

pont

bouquet

vache

collier

cloche

veau

ver

hameçon

libellule

coccinelle

pierre

poisson

panier

serviette

pot

verre

tartines

pomme

fraises

abeilles

buissons

ruches

miel

lune

Si tu as eu du plaisir avec

moi, Basile l' , alors

continue vite ce , tu

vas faire la connaissance

d'un sympathique petit ...

Bonjour, je m'appelle

Prosper le , veux-tu suivre

mes aventures?

soleil

PROSPER le lapin

lit

écureuil

bouteille

cuillère

assiette

carotte

salade

maison

fleur

clochettes

papillon

abeilles

sapin

nuages

ruche

hérisson

branche

noisette

noix

gland

épi

coquelicot

marguerite

bleuet

souris

grains

fourmi

œufs

faisan

Je cherche les mots avec Prosper, le lapin

Scénario et illustrations de
Michel Rainaud
Editions HEMMA

Aujourd'hui le brille, mais,

Prosper enrhumé, est dans son  .

L' lui prépare une grande

de sirop à boire à la  ; à midi,

il lui donne à manger toute

une  de  et

le soir, pour le dîner, une belle et

grosse  .

Dans quelques jours, Prosper le

sera guéri et, tout guilleret, il pourra,

partir pour sa 🏠 de campagne.

Guéri et heureux, Prosper se

roule dans l'herbe parmi les

aux  parfumées. Il poursuit

les  et effraie les

qui butinent avec ardeur. La prairie est

bordée d'un bois de  verts

dont les cîmes semblent vouloir

arrêter les . Prosper le

se sent en pleine forme; il saute

par-dessus la .

Prosper le  arrive dans la forêt

et découvre le  douillet de son

copain le  dormeur.

Tout à coup, en passant sous

une , Prosper le ,

tout surpris, reçoit des ,

des  et des sur la tête.

Il sourit quand il voit qu'il s'agit de son

ami l' qui est maladroit.

Prosper le  est fatigué et, pour

se reposer, il se couche dans un champ

où mûrissent de beaux de blé,

parmi lesquels poussent des  ,

des  et des  .

Entre les épis, une  trottine

et fait sa provision de  de blé.

Courageuses, les  brunes

construisent une nouvelle fourmilière

et y transportent leurs  .

Tout à coup, c'est la panique !

La 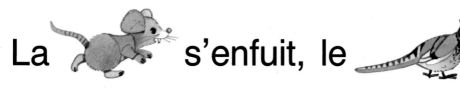 s'enfuit, le  prend

son envol, l' piaille !

Au loin, n'est-ce pas le rusé ?

Vite, Prosper le se dissimule

d'abord derrière une de foin,

ensuite dans la  chargée.

Monsieur a fait peur à tous les

animaux, mais il repart bredouille!

Le danger passé, Prosper le

poursuit son chemin et arrive enfin

dans sa . Il se précipite pour

ouvrir la et les .

Il admire les  qui butinent les

roses d'un grand champ de .

Sur une tige d'herbe, la grignote

des pour devenir un joli  .

Prosper le , ému, est accueilli

par le chant des  .

Juste à côté, le beau jardin

de la 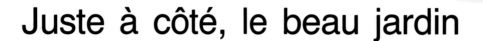 ,entouré d'une  ,

lui offre un vrai régal :

des  roses, des  rouges

et de magnifiques  verts.

Prosper le  salue l'  qui

savoure une grosse  , pendant

que le  s'attaque à une belle

bien mûre. Prosper le est

heureux de retrouver tout cela.

Prosper le  très surpris, constate

que l'intérieur de sa est très

propre : tout brille, même les  !

Un garni de belles des

champs est posé sur la cheminée.

Il y a un d'eau sur l' , ainsi

qu'un rempli de nourriture sur

la . Intrigué, Prosper ne sait pas

que c'est son amie la qui est venue

ranger toute sa .

Prosper le  passe des vacances

formidables ; mais, bientôt, de gros

 apparaissent; le  noir

annonce l'arrivée de l'automne.

Les des arbres jaunissent et

tombent au pied de l'  , près

du gros rouge.

Bientôt, sous l'œil attristé de Prosper

le  , les , ses amies,

partent pour les pays chauds.

Maintenant, le se couche

derrière le . Prosper retourne

dans son  pour l'hiver.

oiseau

renard

meule

charrette

porte

volets

fleur

trèfle

chenille

feuille

papillon

oiseaux

ferme

barrière

radis

tomate

chou

escargot

pomme

chaise

vase

pot

armoire

panier

table

nuages

corbeau

arbre

champignon

hirondelles

clocher

terrier

Laisse bien dormir Prosper

le  tout l'hiver et

continue la lecture si tu es

d'accord! Alors, on y va?

Coucou! Je suis une petite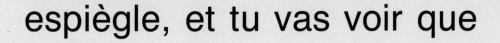

espiègle, et tu vas voir que

j'ose même affronter, le

gros du  !

JULIE la souris | fleur | parasol | verre | orange | oiseaux

branche | arbre | feuille | soleil | pigeon | enveloppe

bec | lettre | souris SABINE | coq | citrouille

maison | fenêtre | tapis | plumeau

papillon | moulin | sac | pont | nénuphar

libellule | bateau | roseau | grenouille | poisson

chat | roue | meunier | fauteuil

Je cherche les mots avec Julie, la souris

Scénario et illustrations de
Michel Rainaud

Editions HEMMA

Julie la  se repose. Une

grande lui sert de .

Elle boit un de jus d' .

Les se sont posés sur la

d'un . De très larges

les protègent des rayons du .

Tout à coup un  se pose.

Il porte une dans son .

C'est une  de Sabine la .

Elle annonce son arrivée.

Le  s'est levé, le

a chanté et, très heureuse, Julie

la 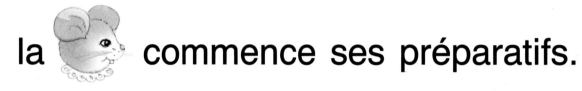 commence ses préparatifs.

Cette grosse , c'est la

de Julie.

Sur le rebord de la ⊞ , son

beau  prend l'air.

Julie la secoue son .

Les et les voltigent

autour de la .

Julie la  se rend au  pour y

remplir son grand de farine.

Le  se trouve de l'autre côté de

la rivière et, il n'y a pas de  .

Elle s'assied sur un  et, de

gentilles  tirent ce joli

jusqu'aux sur l'autre rive.

Pendant la traversée, des

et des  viennent dire bonjour

à Julie la  .

Arrivée au , Julie s'approche

prudemment car le  dort.

La  du  ne tourne pas.

Le  fait sans doute une petite

sieste dans son .

Derrière un de , Julie, la

se trouve à avec son amie la

Rosalie. Elles avancent en se cachant

derrière un , pour arriver à la .

Le dort toujours.

Pour monter à l'étage, elles grimpent

à la  .

Leurs deux  sont bientôt remplis

de farine blanche et de dorés.

Soudain, Julie la découvre une

petite blanche tombée dans

le 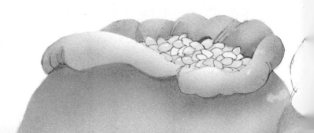 de farine. C'est Rosalie!

Julie jette un coup d'  par

la . Oh! Le avance en

direction du  . Vite! Il faut partir!

Le 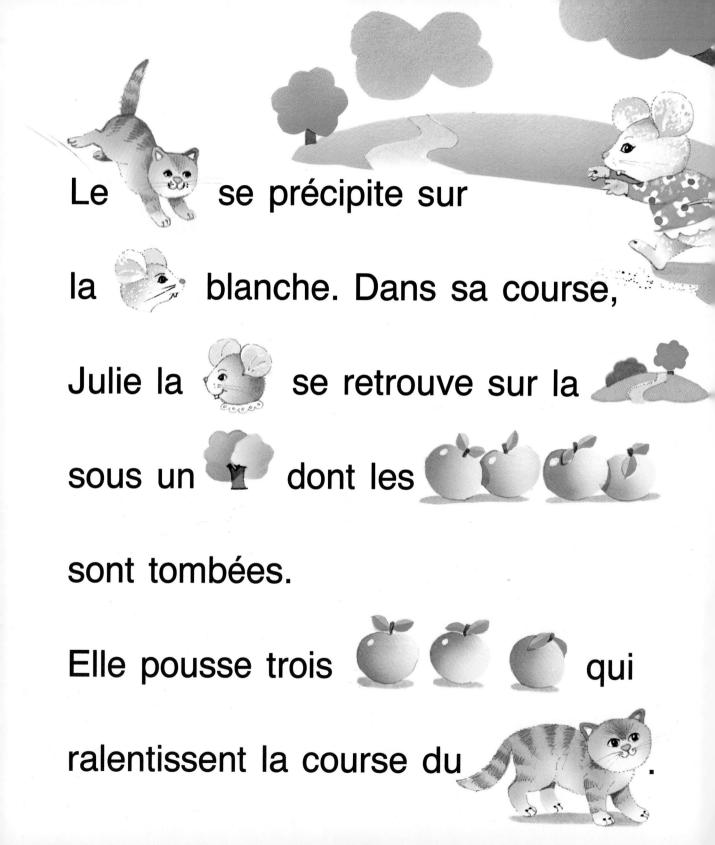 se précipite sur

la blanche. Dans sa course,

Julie la se retrouve sur la

sous un dont les

sont tombées.

Elle pousse trois qui

ralentissent la course du .

Ouf! La  blanche est sauvée.

Julie la  préfère se cacher dans

l'  près de la

recouverte de  parfumées.

Le  devient moins chaud, il faut

rentrer à la , mais le est

lourd. Un , voyant Julie la

fatiguée, propose de la transporter

dans les airs. Ils s'envolent.

Julie, la ouvre de grands 👁️ 👁️

en voyant de tout près les mignons

petits  roses, les

dans le lointain, les beaux

bien alignés et le  vu du ciel.

Demain c'est le grand jour!

L'invitée de Julie la arrivera.

Pour préparer un , il y a de la

farine, des et du  . Julie

la  pèse les quantités nécessaires

sur la en se servant

des . Elle mélange dans

un  , puis verse la préparation

dans un  et le met au  .

Pour le décorer, elle coule du  .

Tout est prêt. Le repas est sur

la 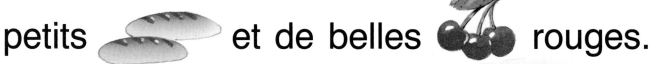 : un bon , de jolis

petits  et de belles  rouges.

Et enfin et surtout le délicieux .

L'  très gourmand voudrait

bien y goûter

Sabine la  arrive avec sa petite

et un joli  pour Julie.

C'est un ravissant  garni

de  . Julie le pose sur sa .

Après le repas, nos deux

font une promenade, le brille.

Les vacances commencent bien...

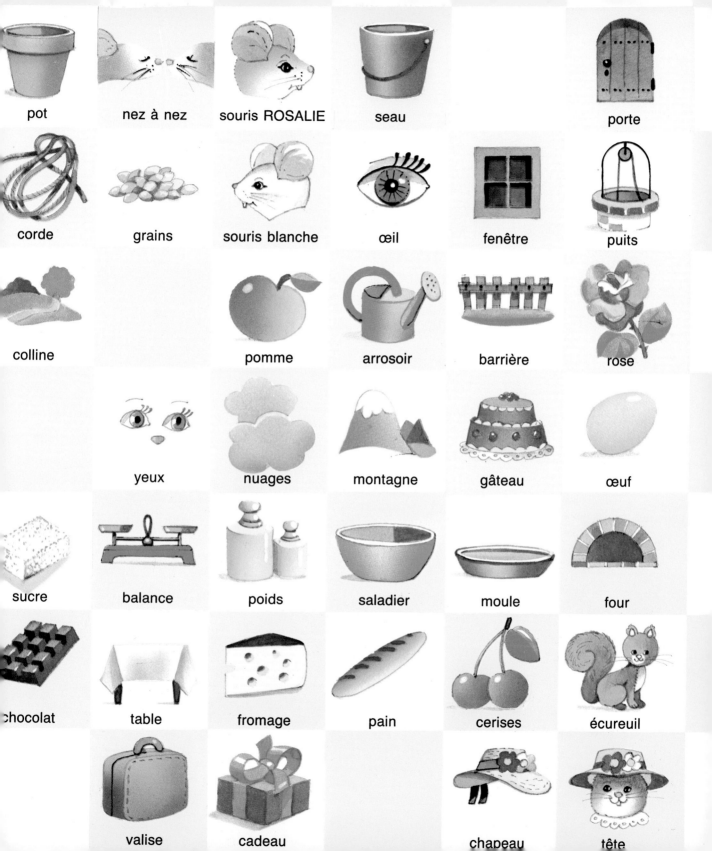

pot

nez à nez

souris ROSALIE

seau

porte

corde

grains

souris blanche

œil

fenêtre

puits

colline

pomme

arrosoir

barrière

rose

yeux

nuages

montagne

gâteau

œuf

sucre

balance

poids

saladier

moule

four

chocolat

table

fromage

pain

cerises

écureuil

valise

cadeau

chapeau

tête

Ouf, sauvée! As-tu goûté

mon bon  ? Si tu as

envie, demande une recette

à ta maman et fais-en un

bon toi aussi...

Quant à moi, je suis Jérémie

le  , et je suis un parfait

petit bricoleur... Lis mes

aventures et tu comprendras.

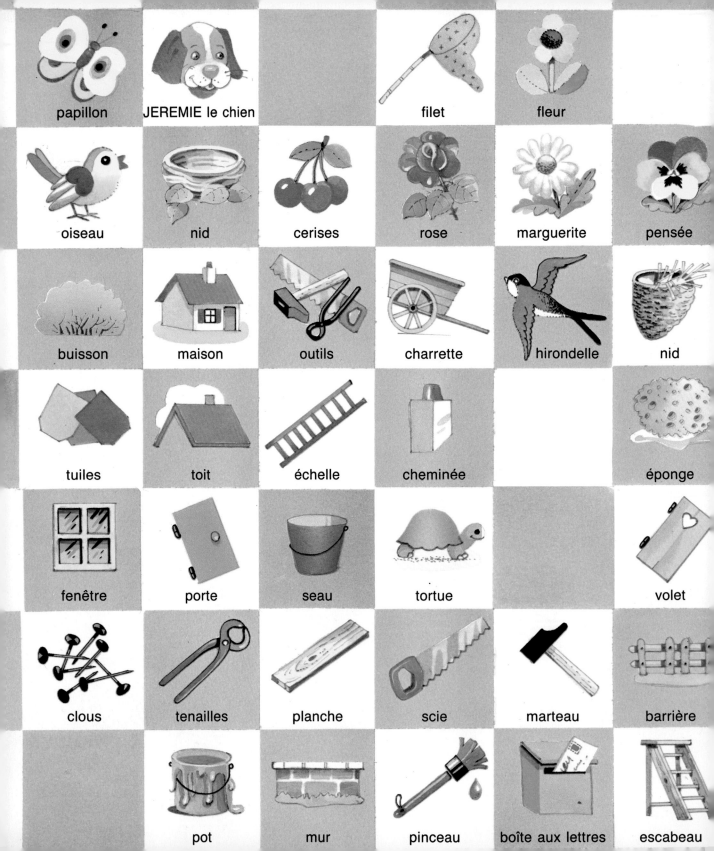

papillon	JEREMIE le chien		filet	fleur
oiseau	nid	cerises	rose	marguerite	pensée
buisson	maison	outils	charrette	hirondelle	nid
tuiles	toit	échelle	cheminée		éponge
fenêtre	porte	seau	tortue		volet
clous	tenailles	planche	scie	marteau	barrière
	pot	mur	pinceau	boîte aux lettres	escabeau

Je cherche les mots avec Jérémie, le chien

Scénario et illustrations de
Michel Rainaud

Editions HEMMA

Pour admirer les  de très

près, Jérémie le  devient chasseur

à l'aide de son à  .

Les  volent de en .

Jérémie, le court beaucoup.

Oh! un petit  tombe d'un  .

Ouf! Jérémie le le rattrape juste

à temps dans son  !

Les parents des petits 🐦🐦 lui

offrent des  bien rouges.

Jérémie le  se remet en route.

Il découvre un endroit merveilleux,

rempli de  rouges, de

jaunes, de grandes et des

Derrière un , Jérémie le

aperçoit une gentille petite

abandonnée. Il décide de la retaper.

Jérémie va chercher les

nécessaires et les met dans une  .

Les  sortent de leur .

Jérémie le , remplace

les  cassées du  .

Perché sur son  , il en profite

pour ramoner la .

Muni d'une , il lave les

et la .

Le travail terminé, Jérémie le  ,

distrait, jette le contenu de son

d'eau sur une  , très curieuse.

Jérémie le répare le .

Il retire les  à l'aide de  ,

il coupe une 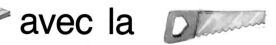 avec la .

Il enfonce les neufs à grands coups

de .

Jérémie le ne touche pas

au des  sous le .

La aussi est réparée.

La  va reprendre des couleurs.

Un rose, un  jaune, un

bleu sont posés sur le petit  .

Jérémie le prend un  pour

recouvrir la et la aux lettres.

Le jaune est destiné aux

et le de couleur rose aux  .

Jérémie le descend de son

Le rose lui tombe sur la  .

Quel désastre! La  reçoit des 🌢🌢🌢🌢

de peinture sur sa .

Pour se laver, Jérémie le

s'installe dans un  rempli d'eau

et se frotte avec une et du .

Des  de ██ s'envolent!

Des 🦋🦋 s'y posent. Des 🐦🐦

les font éclater d'un coup de 👄 .

La 🐢 , très fière de sa ⛑

décorée, se repose sous le  .

Maintenant, la  de Jérémie

est magnifique avec sa neuve.

Il prend son  et se dirige vers

la où le vent souffle toujours.

Le s'envole du premier coup

et entraîne Jérémie le . Il est déjà

haut dans le ciel.

Il peut voir la  de Monsieur l'🐻

dans la ⛰️ , un 🚣 sur la

rivière et le petit 🌉 de bois.

Brusquement le vent tombe.

Jérémie le  ferme les 👁 👁 et

brutalement est arrêté dans sa chute.

Jérémie le  est suspendu à l'une

des du  à vent.

Il est emporté vers les ,

redescend vers l'  . Que faire ?

Monsieur  vient à son secours.

Jérémie n'a plus qu'à sauter sur

les de paille. Enfin sauvé !

En arrivant devant sa belle

Jérémie le est très surpris.

Des et des  sont

accrochés aux . Sur une

sont posés des , des  et

des . Ses nouveaux voisins

offrent à Jérémie un  de ,

un de confiture et un joli  .

Tard après le coucher du ,

Monsieur  peut en profiter.

La  est là.

La  est endormie. Les  se

sont blotties sous les . Jérémie

est heureux dans sa nouvelle .

gouttes	carapace	baquet	brosse	savon
bulles	bec	banc	lanterne	cerf-volant
colline	caverne	ourson	montagne	bateau	pont
yeux	ailes	moulin	nuages	herbe
chat	gerbe	lampion	drapeau	arbre
table	sucette	pâtisseries	bonbon	bouquet	pot
tableau	hibou	lune	soleil	grenouille	roseau

Laissons-bien tranquille Jérémie

le  , il est fort fatigué

après de telles aventures. Il ne

trouve plus le courage de nous

présenter...

Nicolas, le . Il aime

la mer, et surtout jouer avec

sa , son 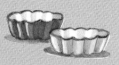 et ses

dans le sable chaud.

Suivons-le...

soleil	nuage	mouette	NICOLAS, le renard	bol	chocolat
brioches	croissants		sac	MAMAN renarde	barrière
main	oiseau	branche		arbre	fleurs
herbe	vache	veau	papillon	chapeau	ailes
BRUNO, le chien	serviette	panier	toboggan		ballon
cerf-volant	drapeau	mât	bouée	masque	corde
canoé	vagues	moutons		baignoire	pains

Je cherche les mots avec Nicolas, le renard

Scénario de Jacqueline Rainaud
Illustré par Michel Rainaud
Editions HEMMA

Le  brille. Pas un

dans le ciel, seulement une .

Nicolas le boit son

de  et dévore des

et des  dorés, car il a hâte

d'arriver à la plage.

Nicolas le prend vite son  .

Accompagné de sa maman , il

se dirige vers la  .

Un geste de la et en route!

En chemin, Nicolas le

dit bonjour à l'  posé sur

la  d'un  .

Les , qui ont poussé dans

l'  , parfument l'air.

Derrière la  , une et

son petit le regardent passer.

Un joli  vient se poser

sur le de Nicolas le  .

Mais bien vite, il ouvre les .

C'est avec joie que Nicolas le

retrouve son ami Bruno le , qui

a déjà étalé sa  de bain,

près de son  .

Nicolas le laisse tomber son

et se dirige rapidement vers le  .

Son ami Bruno le  s'amuse avec

un gros , tandis qu'un

semble vouloir monter jusqu'au !

La baignade est permise. Le

vert est accroché au  .

Nicolas le prend sa  et

son  de plongée.

Bruno le , tire, au bout

d'une , son petit

gonflable sur le sable brûlant.

Les  ressemblent à des

petits blancs.

La mer est une grande !

La baignade donne faim.

Nicolas le partage les

et petits  aux  qui

sont dans son  .

Maintenant construisons un

de sable.

Nicolas le prend vite sa .

Le décore les  avec

des en forme de ♥ et de

♣ . Il manque des  !

Sur les , Nicolas le

met des  dans son ,

tandis que Bruno le  attrape,

avec son , dans les ,

des , des , des

et même une de mer.

Le  de sable sera beau!

Nicolas le trouve de jolis .

Les  se posent près de lui;

mais l'eau monte, monte!...

Tout à coup, Nicolas le se

retrouve sur une petite  déserte.

Il appelle à l'aide en agitant le .

Sa  lui serait bien utile, car il

ne nage pas encore comme une  !

Les  aux belles  colorées

passent sans le voir.

«Ohé! du !» Nicolas le

aura bientôt les dans l'eau.

«Au secours! Au secours!»

Ouf! Un  de pêche l'a aperçu.

Nicolas le monte à bord à l'aide

d'une de .

Enfin, sauvé! Assis sur

une  et entouré des

qui viennent d'être pris au  ,

Nicolas le passe devant le  .

Plus de  ! Son est vide.

Le  lui donne de belles

Saint-Jacques et puis, sa  .

Quelle joie de retrouver son ami!

A l'ombre d'une , Bruno le

offre à Nicolas le , un

pour lui faire oublier ses émotions.

Mais catastrophe!

Les  ont déjà démoli deux

du .

Demain, le  sera construit

plus loin, près du  et de

la où les n'iront pas.

Nicolas le retourne à la

Il racontera sa mésaventure à sa

maman et promettra d'être prudent

raisins

château

pelle

tours

forme ou moule

cœur

trèfle

coquillages

rochers

seau

épuisette

flaques

algue

crevettes

crabes

étoile de mer

mouettes

île

bras

grenouille

bateaux

voiles

pédalo

pieds

bateau

échelle

caisse

poissons

filet

phare

marin

coquilles

casquette

tente

glaçon

parasol

chaise

maison

J'ai fière allure avec

ma  de marin. Et

maintenant, si tu veux

suivre les aventures

d'un casse-cou, c'est

le moment.

Viens avec moi,

je suis Jérôme

le  , tu découvriras

mes talents de pilote et

de navigateur... et tout

cela, bien malgré moi...

Grâce à un beau  !

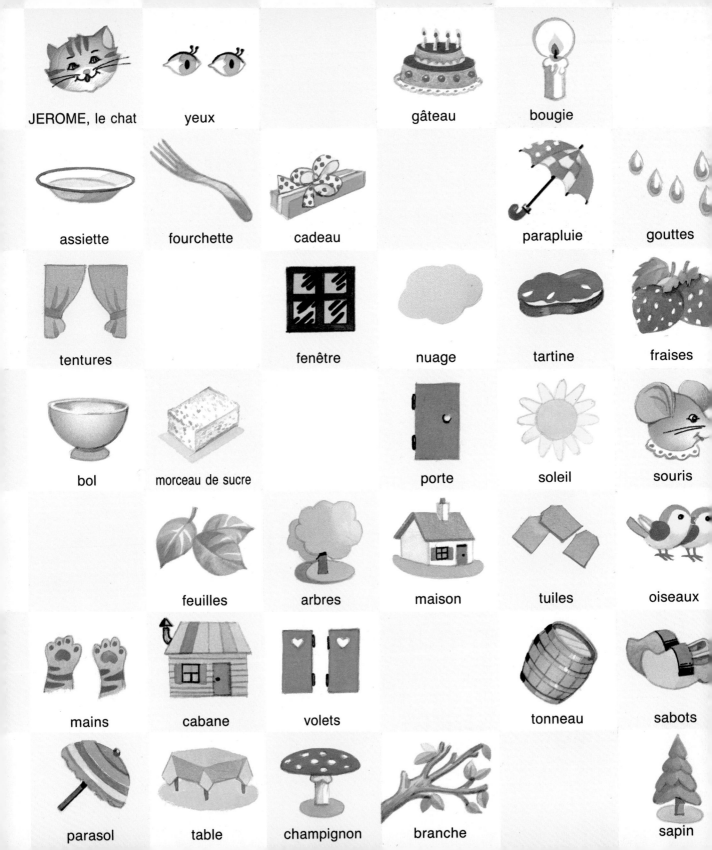

JEROME, le chat

yeux

gâteau

bougie

assiette

fourchette

cadeau

parapluie

gouttes

tentures

fenêtre

nuage

tartine

fraises

bol

morceau de sucre

porte

soleil

souris

feuilles

arbres

maison

tuiles

oiseaux

mains

cabane

volets

tonneau

sabots

parasol

table

champignon

branche

sapin

Je cherche les mots avec Jérôme, le chat

Scénario de Jacqueline Rainaud
Illustré par Michel Rainaud
Editions HEMMA

Aujourd'hui, c'est l'anniversaire de

Jérôme le  .

Il ouvre de grands 👁 👁 devant

le 🎂 où brillent quatre 🕯🕯🕯🕯 .

A côté de son 🍽, près de sa 🍴,

Jérôme le , voit un 🎁 .

Quel bonheur : c'est un  !

Jérôme le  souhaite que, demain,

il tombe quelques  d'eau

pour étrenner son beau  .

Dès son réveil, Jérôme le  ouvre

les  et regarde par la  .

Dans le ciel, pas un seul petit  .

Jérôme le mange deux

de confiture de et boit un

de lait sucré avec quatre de sucre.

Jérôme le se dirige vers la  .

Tout fier, Jérôme le  ouvre

son  et se promène sous le .

Madame  se moque de lui!

Brusquement, le vent souffle, souffle...

Les  des s'envolent.

Jérôme le  voudrait fermer son .

Impossible! Dans les airs, Jérôme

le 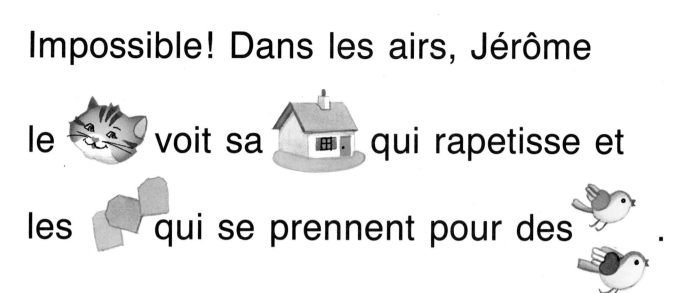 voit sa qui rapetisse et

les qui se prennent pour des .

Mais la tempête se calme.

Jérôme le 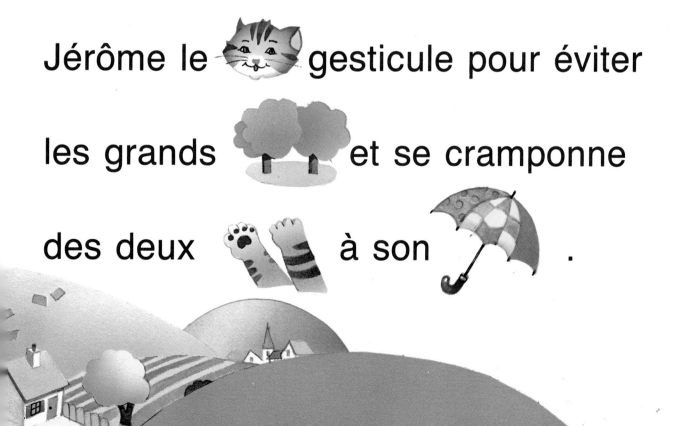 gesticule pour éviter

les grands et se cramponne

des deux à son .

Jérôme le atterrit près

d'une aux bleus.

Sur un , près de la , de

jolis petits  sont posés.

Le de la de jardin est

un gros  . Jérôme le  appelle.

Personne ne répond!

Tout à coup, Jérôme le entend

un craquement de mortes.

Entre deux , Amandine l'

apparaît.

Pendant que Jérôme le 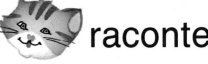 raconte

sa mésaventure, Amandine l'

lui prépare une de et

un de jus de  .

Dans la , de belles

grillent pour le dessert.

Mais la nuit approche!...

Amandine l'  prépare un  .

Sur le doux 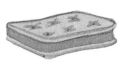 de , Jérôme

le  s'endort.

Dès l'apparition du et le premier

chant du , Amandine l'

accompagne Jérôme le à la

recherche de sa  .

Mais il faut traverser la rivière!

Pas de , ni de , ni de  !

Les  se posent sur les .

Jérôme le  a une idée géniale!

Son beau  servira de  .

Deux  seront les  .

Ça marche! Ça marche!

Nos deux amis sont accompagnés

par les  .

Mais le courant devient plus rapide...

Les  font demi-tour près de

la !

Jérôme le et Amandine l'

tiennent très fort le manche du .

La  n'est plus très loin!...

Et voilà que le  devient un !

Jérôme le  s'accroche aux

et Amandine l' ferme les  .

Ouf! sauvés! Les émotions donnent faim.

Pendant que Jérôme le part à la recherche de et de , Amandine l' met sa et ses à sécher sur une abandonnée près du champ de .

Enfin Jérôme le  est de retour,

les chargés de  et de .

Amandine l'  a une faim de  !

La  est longue.

Le ciel se couvre de gros  gris.

Monsieur le arrête son et

invite Jérôme le et Amandine

l' à monter sur les  de paille.

Quand ils arrivent près du petit ,

Jérôme le remercie Monsieur

le .

Encore quelques pas et Jérôme

aperçoit, entre les  , sa  .

Amandine l'  saute de joie!

Des  d'eau tombent des .

«Il pleut, il mouille, c'est la fête à

la  !» chantent Jérôme le

et Amandine l'.